Sobreviviendo
EN PAREJA

por
nani

1.ª edición: abril, 2007

© 2007 Adriana Mosquera (Nani)
© 2007 Ediciones B, S. A., en español para todo el mundo
Bailén, 84 - 08009 Barcelona (España)
www.edicionesb.com

Impreso en España - Printed in Spain
ISBN: 978-84-666-2812-9
Depósito legal: B. 10.046-2007

Impreso por LIMPERGRAF, S.L.
Mogoda, 29-31, Polígon Can Salvatella
08210 - Barberà del Vallès (Barcelona)

Sobreviviendo
EN PAREJA

por *nani*

Ediciones **B**
GRUPO ZETA

Barcelona • Bogotá • Buenos Aires • Caracas • Madrid • México D. F. • Montevideo • Quito • Santiago de Chile

A Turcios, mi gran amor,
que ha hecho que me reconcilie con el género masculino.

Prólogo

SI UNA SERVIDORA FUERA O FUESE ACADÉMICA DE LA REAL DE LA LENGUA O DE LA COLOMBIANA, QUE VIENE A SER LO MISMO, YA HABRÍA PROPUESTO QUE LAS DOCTAS INSTITUCIONES DE LA LENGUA COMÚN INCLUYERAN EN SU ACERVO DICCIONARIAL EL TÉRMINO

MAGOLEAR

CUYA DEFINICIÓN APROXIMADA SERÍA: 'ACCIÓN Y EFECTO DE PONER LAS COSAS EN SU SITIO EN LAS RELACIONES PAREJALES./PONER LAS PERAS AL CUARTO, DE LA ESPOSA AL MARIDO./USAR EL SENTIDO COMÚN FEMENINAMENTE/ AFEAR CONDUCTAS MACHISTAS./APLICAR LA LÓGICA ANTE DESMANES JEFATURILES...' Y NO SIGO PORQUE ESTO ES UN PEQUEÑO Y SUCINTO PRÓLOGO PARA REAFIRMAR QUE ANTE MAGOLA, LA HIJA PREDILECTA DE LA SIMPAR 'COLEGOMBIANA' NANI NO SÓLO HAY QUE QUITARSE EL SOMBRERO, SINO TAMBIÉN LOS PREJUICIOS DE GÉNERO TAN INTRINCADOS EN NUESTRO COMPORTAMIENTOS COTIDIANOS, PROCLAMO.

ME VOY A SEGUIR HACIENDO EL TRASPUESTO, NO VAYA A SER QUE SE ME VAYA CALENTANDO Y TENGAMOS UN 'REBOTING NIGHT'...

Para Nani, con cariño de...

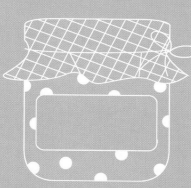

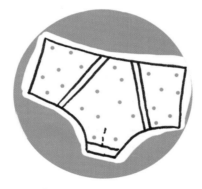

14

¿ADIVINA DE DÓNDE VENGO?

UMMM ¿DE VENUS?

CONTIGO NO SE PUEDE HABLAR

¡DAME MÁS PISTAS!

nani

LA ENSALADA LA VAMOS A PAGAR CON TARJETA Y PARA EL RESTO QUEREMOS UN CRÉDITO A 10 AÑOS

http://tiracomicamagola.blogspot.com/

nani

¡BAJÓ LA FACTURA DEL TELÉFONO!

¡SÍ!

¡ACABO DE TENER UN MINI-ORGASMO!

nani

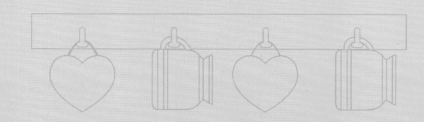

NO SÉ CUÁNTO TIEMPO HACE QUE SE FUE MI MAMÁ Y ME DEJÓ CON MI TÍA

nani

¿ESTÁS LLORANDO? ERES UN NIÑO MUY MIMADO

SE FUE HACE UN SIGLO

nani

¡LA DIFERENCIA ENTRE LO QUE CREEMOS QUE SOMOS Y LO QUE REALMENTE SOMOS ES DEMOLEDORA!

Test de vacaciones

1- Este año las maletas las va a hacer:
A- Mi pareja, si quiere.
B- Ella, como siempre.
C- Tu abuela.

2- Ya sabemos adónde ir:
A- Dudamos entre la playa y la montaña.
B- A la playa, sin duda.
C- Él irá a la porra y ella al cuerno.

3- Lo que más te gusta de las vacaciones es:
A- Estar con mi pareja y descansar
B- Hacer deporte, conocer nueva gente, salir a bailar hasta la madrugada, no parar.

C- Que mi pareja se va y me deja tranquila(o) en casa.

4- Quiero viajar en:
A- Avión o tren.
B- Por tierra y que conduzca mi pareja.
C- Odio viajar.

5- Las vacaciones las pagamos:
A- A medias.
B- No tengo un centavo.
C- ¿Otra vez yo?

Si contestaste a todo con la opción **A**: eres buena pareja pero no sabes lo que quieres; ahora que lo pienso, eres una pareja muy pesada.

Si contestaste a todo con la opción **B**. Eres la persona más egoísta del mundo. Seguramente no tienes pareja y vas de vacaciones a casa de tus amigos a gorrear.

Si contestaste a todo con la opción **C**: Este año irás de vacaciones con tu abuelita.

NO HAY PRISA, ESTAMOS DE VACACIONES

TARDO 5 MINUTOS

ENTONCES TARDO 20

¡DIOS MÍO, QUÉ CALOR!

EL AÑO PASADO, EL AIRE DE ESTA CARRETERA NO ESTABA TAN ONDULADO

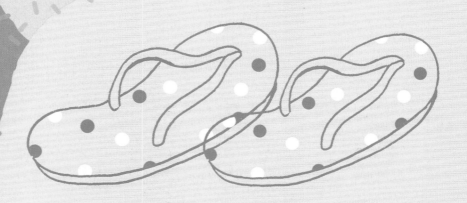

25

COSAS DEL VERANO

¿TE LO PIENSAS COMER TODO?

nani

YO ERA MÁS FELIZ CUANDO NO TENÍAMOS DINERO PARA PONER AIRE EN NUESTRA HABITACIÓN

nani

¿ESTÁS SEGURA?

SÍIII

27

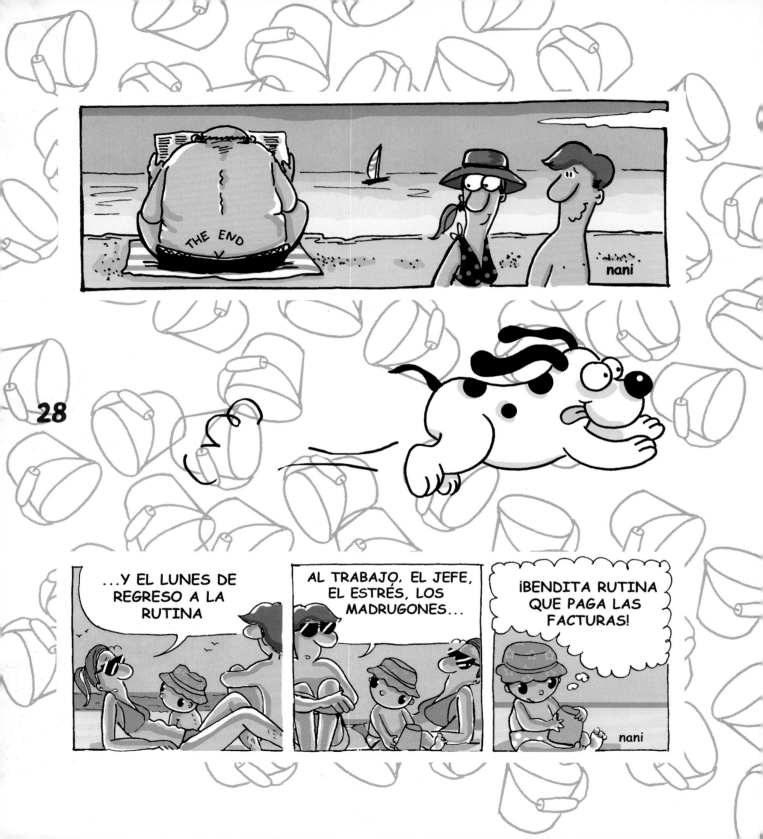

Piérdete todos los fines de semana.
En los restaurantes quéjate por todo.
Critica todo lo que haga, la limpieza, la compra, el yoga...
Opina sobre su ropa.
Olvídate de la higiene personal.
Háblale como a un bebé.
Habla como un bebé.
Conviértete en un experto en comida sana.
Sexo, ¿qué es eso?
Come en la cama.
Cómprate un karaoke.

Cómo desquiciar a tu pareja

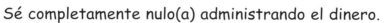

Sé completamente nulo(a) administrando el dinero.
Di siempre la última palabra.
Escoge un hobby muy caro que te robe todo el tiempo libre.
Quéjate todo el tiempo del trabajo y cuenta
todos los detalles.
Escucha ópera a la 1 de la madrugada
Termina todas las frases con un sonoro
¡Ouuu yeahh!

30

33

¿QUÉ TAL EL DÍA, AMOR?

ESTOY COMIENDO EN UN RECIPIENTE DE PLÁSTICO, EN UNA SALA CERRADA DONDE TODOS FUMAN

nani

MMMM, BUENO, LUEGO TE LLAMO

¡COBARDE!

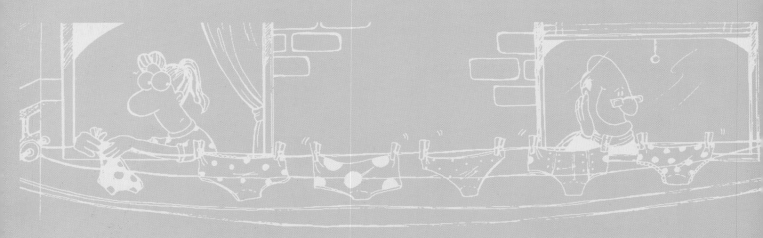

YO SOÑABA CON CODEARME CON LAS MÁS ALTAS ESFERAS...

Y AHORA AL ÚNICO QUE CODEO ES A ALBERTO CUANDO RONCA

nani

ESPERA, VOY YO

nani

JAJA, SE NOTA QUE LO LAVASTE TÚ

UPS, ¿GUARDASTE EL TICKET?

¿SI TE GUSTA LA IGUALDAD, POR QUÉ QUIERES SER MEJOR QUE YO EN TODO?

PARA TI, MUJER INSEGURA Y FEA, VEN A NUESTRA CLÍNICA Y SERÁS TAN ATRACTIVA COMO ELLA

LA PUBLICIDAD A VECES SE PASA

¿POR?

nani

MUY LANZADA

MUY CONSERVADORA

NECESITO ALGO QUE DIGA: SOY INTELECTUAL PERO NO ABURRIDA, SÉXY PERO NO EXTRAVAGANTE, MODERNA PERO NO ORDINARIA, DIVERTIDA PERO NO INTENSA, ARREGLADA PERO NO CURSI, A LA MODA PERO NO VÍCTIMA DE LA MODA...

¿ME PUEDES EXPLICAR POR QUÉ TARDAS TANTO EN VESTIRTE?

nani

ACTUALMENTE PODEMOS ENCONTRAR UNA NUEVA CLASIFICA-

CIÓN DE HOMBRES: POR EJEMPLO METROSEXUALES, UBERSEXUALES, CENTÍMETRO-SEXUALES ...

PERO NO DICE CUÁL DE ÉSTOS ES EL QUE SABE HACER LA CAMA, LAVAR LOS PLATOS, TENDER LA ROPA...

nanicartoons@yahoo.com

nani

nani

nanicartoons@yahoo.com

ME ES IMPOSIBLE SER SEXY EN INVIERNO

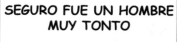

42

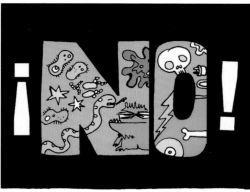

43

NO QUIERO, TENGO ASTENIA PRIMAVERAL

¿ASTE... QUÉ?

nani

¿QUÉ FUE DEL CLÁSICO: "LA PRIMAVERA LA SANGRE ALTERA"?

LE TOCA A PAPÁ CAMBIARME

nani

ESTO ES COMO ABRIR EL REGALO DE NAVIDAD

¡OH, POR DIOS!, CREO QUE HE SIDO UN NIÑO MALO

http://tiracomicamagola.blogspot.com/

¿QUÉ HACES CARGANDO CON TODO ESO?

NADA TE CUESTA LLEVARLO EN DOS PARTES

nani

¡COCINAS DE MUERTE!

GRACIAS

¡NO, SI LO DIGO EN SERIO!

MAGOLA, YA TERMINÉ DE MONTAR LA ESTANTARÍA

QUÉ CURIOSO. ERA MINIMALISTA Y TE SALIÓ ESTILO MALDITASEA

ME ENCANTAS CUANDO TE ARREGLAS PARA GUSTARME

LA VERDAD, ME ARREGLO PARA SENTIRME MEJOR; PERO NO VOY A MATARLE LA ILUSIÓN

nani

MAGOLA, ¿CÓMO SE PONE LA LAVADORA?

PERO SI LOS HOMBRES HAN HECHO TANTOS APORTES A LA CIENCIA, ¿CÓMO ES QUE TU NO SABES PONER LA LAVADORA?

nani

PORQUE ÉSOS ERAN OTROS HOMBRES, YO SOY UN NEGAO

¡PODRÍAS DISIMULAR QUE TE GUSTA!

VEN ACÁ, ¿CÓMO VAS A COMPARAR?

ESO SERÍA COMO COMER UNA LANGOSTA TENIENDO EN CASA UNA JUGOSA HAMBURGUESA

nani

http://tiracomicamagola.blogspot.com/

YA ESTOY PREPARADO PARA IR DE COMPRAS CONTIGO

¡QUÉ DEPRE, TENGO QUE HACER LA COMPRA!

¡DEPRE ES TENER QUE ANDAR 20 KILÓMETROS TODOS LOS DÍAS PARA CONSEGUIR AGUA!

nani

LAS VACACIONES SOLIDARIAS TE CAMBIAN LA PERSPECTIVA

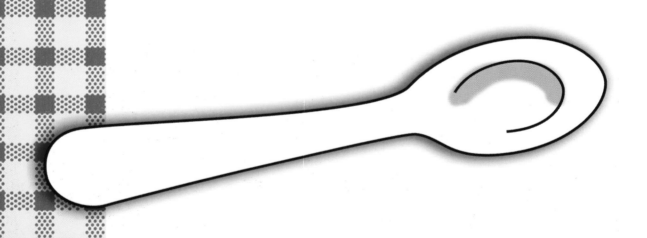

SUBEN LOS CONDONES Y LAS CIRUGÍAS PLÁSTICAS

¡BAH, DUÉRMETE, QUE NO NOS AFECTA PARA NADA!

nani

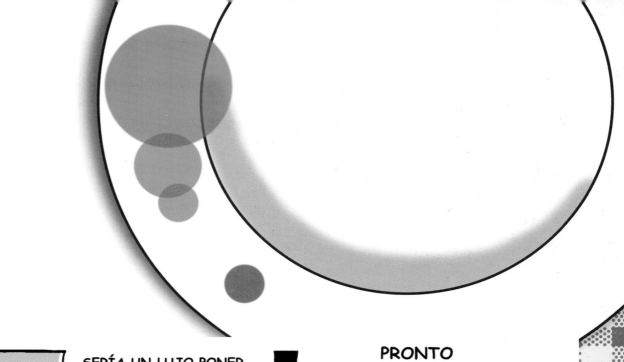

SERÍA UN LUJO PONER ESA ROPITA EN MI LAVADORA

PRONTO SERÁ UN LUJO PONER LA LAVADORA

nani

¡BIEN, HEMOS TERMINADO!

DIJERON QUE ERA POCO TIEMPO, Y VOY A DEMOSTRAR QUE NO

nani

EN EL PRÓXIMO PROYECTO, POR FAVOR, INCLUYE TIEMPO PARA PARPADEAR

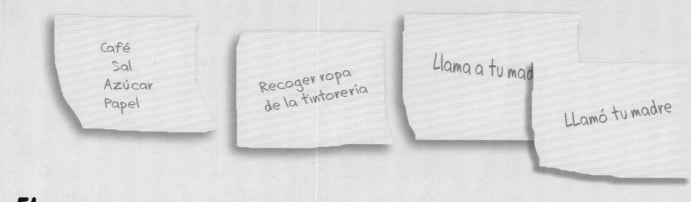

Café
Sal
Azúcar
Papel

Recoger ropa
de la tintorería

Llama a tu mad

LLamó tu madre

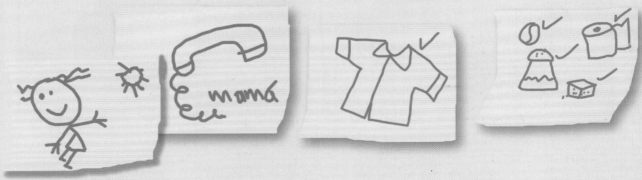

¿QUÉ PASA?

TENGO UNA CIBER-AVENTURA CON MIGUEL BOSÉ

PERO SI ES UNA RESPUESTA GENERAL DESDE UNA PÁGINA NO OFICIAL

nani

TU ENVIDIA NO TIENE LÍMITES

¡ES TAN CELOSO! ES COMO SI PENSARA QUE SOY DE SU PROPIEDAD

TEN CUIDADO, CREO QUE ÉL PIENSA QUE ERES UN OBJETO DE SU PROPIEDAD

nani

EL COMANDER MEGAMACHO INSENSATO AL VOLANTE O EL TRIPLE RIESGO ADVENTURE CON DINOSAURIOS A ESCALA SON LOS JUGUETES MÁS VENDIDOS PARA LOS NIÑOS, Y PARA LAS NIÑAS COCHECITOS ROSA CON BEBÉS QUE HACEN ...

ESTUPENDO, ASÍ CUANDO SEA PADRE ME SENTIRÉ COMPLETAMENTE RIDÍCULO CUIDANDO DE MI HIJO

nani

DEJA ESO, YA LO HAGO YO, TÚ ESTÁS MUY CANSADA

nani

nanicartoons@yahoo.com

¡DIOS MÍO, TÚ ME QUIERES!

nanicartoons@yahoo.com

MIS PADRES SON LOS MEJORES JUGUETES

nani

¡SUBEN LAS HIPOTECAS!

PROPÓSITOS PARA EL AÑO NUEVO...

HACER EJERCICIO, AHORRAR, COMPRAR...

EL RÁPIDO CAMBIO CLIMÁTICO, EL CRECIMIENTO DEL AGUJERO DE LA CAPA DE OZONO, LA EXTINCIÓN DE ESPECIES, LA GRAN CANTIDAD DE BASURA Y CONTAMINACIÓN NOS LLEVA A UN FUTURO INCIER...

nani

PASAR MÁS TIEMPO JUNTOS

ES UNA RELACIÓN MUY INTENSA, CUANDO ESTÁ CELOSO SE PONE COMO UNA FIERA, SE ME SALTAN LAS LÁGRIMAS...

RECUERDA QUE QUIEN BIEN TE QUIERE **JAMÁS** TE HARÁ LLORAR

nani

MUJERES

NO TENGO TIEMPO PARA MIS COSAS, MI HOGAR, MI VIDA, MI CASA. NECESITAMOS CONCILIAR TRABAJO Y VIDA PRIVADA

nanicartoons@yahoo.com

¿CONCI... QUÉ?

HOMBRES

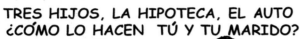

EN MI CORTA PERO VIBRANTE VIDA YA CONOZCO A TRES HOMBRES A LOS QUE ADMIRO PROFUNDAMENTE...

FORGES, MI PADRE Y

MI MADRE

nani

NUEVOS DERECHOS DE LA MUJER

METRO

TODAS LAS MUJERES TIENEN DERECHO A NO SER SEXIS TODA LA VIDA

nani

YA LO RECOJO YO

DEJA, YO LO CAMBIO, HIJO

HAY COSAS QUE LOS HOMBRES NO SABRÁN HACER NUNCA

¡DIOS MÍO, QUÉ GENERACIÓN!

nani

MULTIORGASMO

nani

FRASES QUE DEBEN DESAPARECER

YO ME ENCARGO DE LAS LABORES DE LA CASA

Y YO INTENTO AYUDARLE

MEJOR... LAS LABORES DE LA CASA, LAS HACEMOS ENTRE LOS DOS

nani

MARTES

¿LO NOTAS? SE HA VUELTO A DETENER EL TIEMPO

nani

www.nanicartoons.com

YA SÉ QUE TENGO POCO PECHO...

nani

PERO NO ME VOY A OPERAR...

PORQUE QUIERO QUE ME MIRES SIEMPRE A LOS OJOS

¿QUÉ TE PASA?

nani

EN ESTA MEDIA HORA DE PUBLICIDAD ME HAN DICHO QUE HUELO MAL EN SITIOS QUE NI SABÍA QUE TENÍA

Parejas del pasado

Ellas: Siempre con cara de *"Sé que me engañas, ¿Crees que soy boba?"*

* El look que usaban las señoras estaba entre el pijama y la peluquería sin acabar.

*Embarazadas eternamente y con la casa llena de clones temerosos.

* Con el utensilio de amasar pan en la mano, que significa: *"¡Si te pillo te doy!"*

* El delantal era el último grito de la moda.

Ellos: Con el pelo repeinado y grasiento a juego con el bigote y con mucha panza; siempre les ponían el plato más grande.

*La ropa impecable planchada y lavada por su mujer.

*Rebosando testosterona por todos los poros y con esa cara de: *"¡Qué importa si soy gordo y feo! Mi esposa y mi secretaria se pelean por mi."*

Parejas del futuro

Ellas: La ciencia por fin logra dominar las hormonas y son dueñas de su vida y su carácter.

Ellos: Pueden quedar embarazados.

Todos: Para desgracia de los diseñadores, toda la ropa es unisex y deportiva.

*Los puestos de trabajo están diseñados de tal forma que cuidas tu salud haciendo ejercicio.

Se quitan del diccionario las palabras padre y madre, y se unifica como *Progenitor*.

*La fecundación se hace por Internet.

No existe la pareja como tal y este libro se llamará *Sobreviviendo individualmente*.

MÁS DE 9 HORAS DIARIAS SENTADOS FRENTE AL COMPUTADOR , MÁS DE 11 HORAS DESTINADAS A TRABAJAR...

ALGÚN DÍA ALGUIEN SE DARÁ CUENTA DE QUE ESTO ES UNA LOCURA

nani

¡ESPERO QUE SEA ANTES DE QUE EMPECEMOS A MUTAR!

VAMOS A METERNOS CON PAPI, QUE ESTÁ EN EL BAÑO

¿AMOR, TARDAS MUCHO EN ENVIAR ESE MAIL?

nani

SI, VA CON UN ARCHIVO ADJUNTO DE AL MENOS 1000 KASSSSS

¿QUÉ LE PASA A NORMA, QUE TIENE ESE GESTO TAN RARO?

QUE NO LE PUDIERON DIBUJAR UNA SONRISA PERMANENTE CON EL BÓTOX

nani

¿LE AYUDO?

¿ME VE CARA DE INÚTIL?

LA EDUCACIÓN BRILLA POR SU AUSENCIA, ¿QUÉ FUE DE LOS CABALLEROS QUE AYUDABAN?

nani

ES LA SANTA INQUISICIÓN FEMENINA

ME PREGUNTO QUÉ SE SENTIRÁ AL SER MUJER

SIN DUDARLO ME CAMBIARÍA UN DÍA POR TI

nani

VALE, PERO QUE SEA UN DÍA DE LA REGLA

ESA CAMISETA ESTÁ MUY AJUSTADA. TÚ ERES UNA MUJER DECENTE

LA ABUELA PERTENECE A LA ESPECIE DECENTESAURIOS, EN VÍAS DE EXTINCIÓN

nani

VE PONIENDO OTRA LAVADORA

MI NIVEL HORMONAL ESTÁ DEMASIADO ALTO PARA REALIZAR ESAS TAREAS

nani

LO DEL POSIT CON LA FECHA DE TU CUMPLE, PASA...

nani

¡PERO LO DEL PEGAMENTO EXTRAFUERTE ES DEMASIADO!

YO SÓLO PUEDO EN AGOSTO

¡IMPOSIBLE!

A MÍ ME DAN LAS VACACIONES EN SEPTIEMBRE

nani

LO QUE NOS FALTABA, EL TRABAJO NO NOS DEJA CONCILIAR NUESTRO TIEMPO LIBRE

NO VOY A RENUNCIAR A MIS VACACIONES, YA RENUNCIÉ A MI CARRERA, A MIS SUEÑOS Y A MI DIGNIDAD

ES CURIOSO, YO PENSABA DECIR LO MISMO

nani

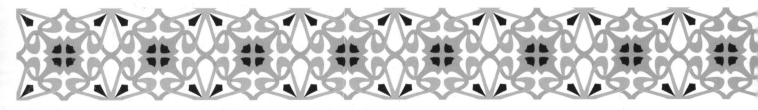

Las cosas de la vida: cuando somos pequeños, queremos pasar todo el tiempo con nuestros padres

y al hacernos mayores son ellos los que quieren estar con nosotros

nani

¿Y SI UN DÍA NO TENEMOS NADA QUE DECIRNOS?

LE TEMO MÁS A LAS MALAS PALABRAS QUE AL SILENCIO

nani

FRASES KAMIKAZES

MI MADRE LOS HACE MEJOR

nani

¡HE OLVIDADO EL PASAPORTE!

¿TE GUSTÓ?

POBRE MARTHA, SIGUE SOLA

¡OYE, LA SOLTERÍA ES UNA ALTERNATIVA!

http://tiracomicamagola.blogspot.com/

¿QUÉ DICES? TODOS NECESITAMOS UNA PAREJA A QUIEN CRITICAR

nani

YO NO SÉ SI SOY FEMINISTA O NO...

NO QUIERO HACER LAS MISMAS COSAS QUE HACEN ELLOS....

nani

QUIERO HACER COSAS DE MUJER Y QUE SE TOMEN EN SERIO

ALBERTO

NO PASA NADA SI LLORAS POR UNA PELÍCULA

SÍ, PASA. YO SOY EL HOMBRE, EL MACHO, EL QUE ABRE LOS FRASCOS DE CONSERVAS...

Sniff

PERDONA, NO QUERÍA HECERTE SENTIR MAL...

ES QUE SOY UNA SENTIMENTAL

http://tiracomicamagola.blogspot.com/

nani

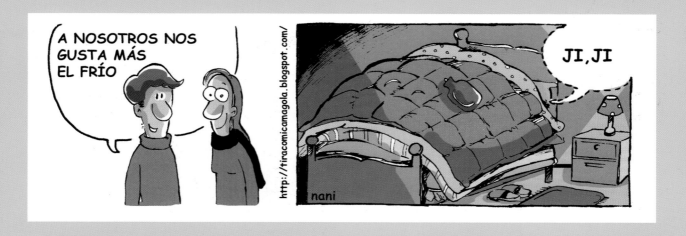

A NOSOTROS NOS GUSTA MÁS EL FRÍO

JI,JI

http://tiracomicamagola.blogspot.com/

nani

¡Y MI JEFA ME PREGUNTA POR QUÉ NO ME QUEDO HASTA MÁS TARDE EN EL TRABAJO!

nani

ESTOY HACIENDO UN CARNET POR PUNTOS PARA PAREJAS: 100 PUNTOS POR PONER LA LAVADORA Y TENDER LA ROPA, 150 POR LIMPIAR EL BAÑO, 200 POR CUIDAR DEL NIÑO, 100 POR LAVAR LOS PLATOS, 50 POR HACER LA CAMA, 100 POR HACER LA COMIDA, 100 POR HACER LIMPIEZA

¡SEGÚN MIS CUENTAS YO LLEVO 3.250.000 PUNTOS Y TÚ -12.500!

nani

GRANDES MENTIRAS

SIEMPRE HAY BILLETES DE AVIÓN DE ÚLTIMA HORA MÁS BARATOS

900 EUROS

LA PASTA DENTAL CURA LOS GRANOS...

Y LOS GRANOS SÓLO SALEN EN LA ADOLESCENCIA

TODOS LOS HOMBRES SON IGUALES

nani

Y AHORA QUE EL GOBIERNO ACABÓ CON EL MACHISMO, ¿DE QUÉ TE VAS A REÍR?

¡QUE EL GOBIERNO ACABÓ CON EL MACHISMO!

JA,JA JA JA

nani

ESTE PANTALÓN LO HEREDÉ DE MI PRIMO, Y ESTE PARCHE LO COSIÓ MI MADRE CON SUS PROPIAS MANOS

ES MENTIRA, LO COMPRAMOS GASTADO Y REMENDADO, LA ROPA YA NO CUENTA HISTORIAS INTERESANTES COMO ANTES

nani

TENGO UN NUEVO CHISTE FEMINISTA, ESCUCHA...

¿EN QUÉ SE PARECEN LOS HOMBRES Y LOS PERROS? EN QUE CUANDO LES HABLAS, PARECE QUE ENTIENDEN

nani

ESO NO ES FEMINISTA, ES REVANCHISTA

¿A VECES NO TE CANSAS DE TANTO TRÁFICO?

CON LO BIEN QUE ESTARÍAMOS EN UNA ALDEA APARTADA, DONDE TUVIÉRAMOS QUE ANDAR KILÓMETROS PARA CONSEGUIR AGUA...

YA VEO QUE TÚ NO IRÍAS POR EL AGUA, ¿NO?

¡HIJA MÍA, QUÉ SUERTE! YO HUBIERA DADO UN BRAZO POR UNA LAVADORA

http://tiracomicamagola.blogspot.com/

MAMI, CREO QUE DISTE LOS DOS

nani

http://tiracomicamagola.blogspot.com/

YO SÓLO BUSCO UN HOMBRE QUE ME TRATE BIEN Y ME LLEVE AL CINE...

AUNQUE AL CINE YA ME LLEVO YO

nani

MAGOLA, MIRA LO QUE TE COMPRÉ

¡ES UN JERSEY, DE MI TALLA, DE MI COLOR FAVORITO, SIN MOTIVO ESPECIAL, Y ME GUSTA!

¡NUNCA LA ENTENDERÉ!

GRACIAS... BUAAAAAA

nani

¡UPSS!

¿QUÉ PASA?

ACABO DE SENTIR AQUELLA VIEJA CURIOSIDAD DE BESAR A ALGUIEN QUE NO SEAS TÚ.

NO TE PREOCUPES, A MÍ ME PASA A MENUDO

nani